14843153R00057

Made in the USA
Middletown, DE
20 November 2018